在旅行路上
遇見更好的自己

Justin Li 李小龍

與最美好的自己
在旅途中相遇

勇敢的離開那位令你傷痕累累的人
走出那個讓你悲痛欲絕的地方
或許你抹不掉那銘刻骨銘心的愛情
但是
時間會帶你踏著破碎的過去
慢慢的在路上
找到更好的自己
在驀然回首的剎那
漸漸的不再揮淚

並不是失去你，
而是擁有了一段
美好的愛情！

　　國小六年級時，老師出了一篇作文，題目是「愛」，我交出去的這篇作文被老師拿去投稿到臺南縣的青少年月刊，竟然獲得第三名的好成績，家人跟我都大感意外，因為我的國語成績向來沒有很優秀，作文分數也不是太出色，應該要歸功於老師的慧眼獨具，知道我這篇作文寫得特別好。

　　印象中，當時我寫了這一段：

　　「隔壁班的小美原本每天都會跟我一起牽手走路上學，自從我們班來了一位男的轉學生，她就再也不跟我一起上學了，我覺得小美已經變心不再愛我，雖然我很難過，但我告訴自己並不是失去她的愛，而是擁有了跟她一起牽手上學的美麗回憶。」

　　作文成績獲得全縣第三名的這件事，讓我得意了好一陣子，但是在那次之後一直到長成大人，作文反而被我放進心裡的最深處，甚至在大學聯考時因為作文成績不理想反倒讓我開始討厭寫文章，而後來成為理工男的我，更是沒什麼機會再提起筆寫文章了。

直到我開始旅行……

世界最美的風景，是旅行中的自己。

十年來未曾間斷的旅行，那些世界各地的美麗風景，悄悄的把已經深藏在內心最底層的寫作靈魂拉了上來，也順便把那個被囚禁在憂鬱大牢中的自己解放。風景隨著文字的跳動有了生命，而在每個風景間肆意飛翔的自己也發現了新的自己，一位朝著更好的方向前進的自己。

這輩子擁有過很多夢想，想要當醫生，開飛機，也想要當電影明星，那麼多的夢想之中，就是沒有一個夢想是成為一位出書的業餘作家，而且在 2018 年出版第一本書之後，我告訴自己這樣就很棒了，人生擁有一本自己寫的書已經非常精采，但是現在我正準備出版第三本書，因為在旅途中寫著寫著，我竟然停不下來，恣意的揮灑著，努力成為更好的樣子。

在路上遇見那位愛寫作的自己，才是我該努力成為的美麗風景。

在有生之年，與最真實的自己重修舊好，勇敢的走在通往夢想的路上。

愛自己才會讓你遇見美好

我知道自己並不是一位充滿正向能量的人，反而內心是容易被負能量填滿的。

因此我隨時告訴自己：

不論在充滿光明與正向思考時，或者在滿是黑暗與負面情緒時，

你都要愛著自己，接納自己，

因為這都是真正的你。

做人最困難的並不是展現陽光那一面的自己，而是誠實的面對內心陰影的那個自己。表面愈是陽光四射的人，往往內心的陰影面比誰都巨大。

每個人都能夠輕易說出正向力量文字的道理，但不是每個人都能勇敢的說出藏在心中許久的負面思想。

真的不用欺騙自己，下雨時就躲在屋簷下，不必勉強自己站在雨中等待陽光。

你不可能永遠擁有光明，也不會一直待在黑暗。過得好的時候，不要高估自己，過得不好的時候，也不用害怕或貶低自己，只有愛著

任何狀態下的自己，才能讓你遇見美好。

在旅行路上，遇見更好的自己

　　走訪十個國家之後，把這些帶回來的風景與心情整理成書，在這一本書中，我想告訴你：

　　如果你失戀了，傷心的走在旅行路上，你可以邊哭邊掉淚，但不必難過太久，因為旅途中迎面而來的風將會吹乾你的淚，天空飄過的雲會把你的痛苦帶走，陽光會曬乾你的黑暗，而壯麗的山川會讓你感到自己的煩惱其實微不足道。

　　那個微笑模樣的自己其實就在前方不遠處等著你。

　　愛情並沒有對錯，也沒有道理可循，只能不斷的在相遇與離別的歲月裡——

　　學著放手，學會勇敢，祝福那已成過去的愛情，

　　才能找到那個更堅強的自己，慢慢的與更好的自己相遇。

　　你不是不好，而是因為你值得更好的。

　　謝謝正看著這本書的你，不論啟程時你是帶著什麼樣的自己，

　　希望在旅途中都能遇見心底最想要的那片風景，

　　回家時把更好的自己帶回來。

　　最後，我們都會慢慢的走向更好的自己。

Justinlis 李小龍旅行趣

序　　　　　　　並不是失去你，而是擁有了　　　004
　　　　　　　　一段美好的愛情！

CHAPTER 1

我的世界少了你，
多了自己

巴黎 Paris, 法國

為自己飛翔　　　　　　　　　　　　014

雖相信緣分，但世界上其實沒有　　018
命中注定的彼此

弄丟了愛情，卻撿回了自己。　　　022

留一些愛給自己　　　　　　　　　　024

早安，你今天喝咖啡了嗎？　　　　　026

失戀的淚　　　　　　　　　　　　　033

痛苦終會過去　　　　　　　　　　　034

第一次的約會　　　　　　　　　　　036

兩張明信片：一張給妳，一張寄給自己　039

最後道別　　　　　　　　　　　　　044

CHAPTER 2

世界最美的風景，
是旅行中的自己

愛琴海 Aegeansea, 希臘

愛琴海的陽光　　　　　　　　　　　048

最美的 15　　　　　　　　　　　　　051

第一次告白　　　　　　　　　　　　053

愛琴海的故事　　　　　　　　　　　056

我的好朋友　　　　　　　　　　　　059

最美的一幅風景　　　　　　　　　　061

愛情神諭　　　　　　　　　　　　　063

Contents

目錄

CHAPTER 3

你值得把美好的
旅行留給自己

冰島 Iceland

她的前任　070

挫折，讓你找到更好的自己　074

陪著你的風景　076

魯冰花　080

現在要過得比以前好　084

CHAPTER 4

黑夜來臨時，
你要當自己的陽光

巴塞隆納 Barcelona, 西班牙

生日禮物　090

飛了 30 趟的巴塞隆納　092

難過離我太近　096

不要讓黑暗滅了自己的光　100

盼望美好再現　107

海鮮燉飯　108

CHAPTER 5

**離開是我給你
最後的溫柔**

峽灣仙境 Fjord, 挪威

安全感 118

眾神賜予的仙境 122

抉擇 126

感情的終點 130

離開是妳給我的告別 132

我給妳最後的溫柔 134

CHAPTER 6

**與美好的自己
在旅途中相遇**

伊斯坦堡 Istanbul, 土耳其

遺憾成就更完整的自己 141

旅行成為救贖我的信仰 143

世界的首都 144

最美好的自己 148

現在的我過得不好 152

Contents

目錄

CHAPTER 7

謝謝讓我成長的妳
亞洲 Asia

謝謝妳來到我身邊　160

盼望很久的浪漫地方　162

把自己變得更好　166

CHAPTER 8

**到遠方把
更好的自己帶回來**
奧地利 & 葡萄牙 & 臺灣
Austrilia & Portugel& Norway

離開之後　187

告別　188

後記　191

01

CHAPTER

我的世界少了你，多了自己

📍 法國巴黎 Paris

你可以帶著眼淚飛翔，但請不要回頭！

心雖然受了傷，傷口終究會痊癒。

雖不免會留下疤痕，

但是再也不會感到痛……

為自己飛翔

📍 巴黎羅浮宮

用力吸一口氣，這裡的氧氣不一樣，

身邊的空氣不再稀薄，我也不再感到窒息，

彷彿回到小時候的鄉下外婆家，

呼吸之間緩慢愜意，內心感到純淨與踏實。

因為這次只為自己而飛翔……

為了愛她，離開她，這一次我選擇自己走，

走出傷痛，走出痛楚，走向一個沒有她的遠方，

也為了忘掉那不願也不想再憶起的過去！

我開始流浪，帶著眼淚飛翔，不再回頭……

飛機在戴高樂機場上空盤旋一陣子後，

終於抵達心中嚮往已久的巴黎。

一個曾經是她跟我要一起來的浪漫城市。

巴黎皇家宮殿

放膽去愛，去恨，去寬恕，去懺悔。

因為感受幸福而快樂，

也因為爭吵而悲傷，

在每次的放手與握緊之間，

漸漸的，

失去該有的感同身受，

最終，弄丟了彼此。

原來，在擁有之後，就可能失去。

擁有愛，卻也失去愛！

雖相信緣分，
但世界上其實沒有命中注定的彼此

📍 巴黎奧塞美術館

拖著行李跳上戴高樂機場（De Gaulle）的 RER b 快鐵，大概半小時後就抵達巴黎北站（GAREDUNORD），在這個巴黎六大車站運量最大的火車站裡，我獨自一人，看著熙來攘往的景象，突然間停下了腳步，望著車站的古老時鐘，回想起幾年前在臺灣的左營高鐵站的那場相遇……

在自動售票機前買完高鐵票後，拉著 29 吋大行李的我往驗票閘口方向走去，突然聽到後方有位女孩子高聲呼喊，於是我停下了腳步……

「先生！先生！這是不是你掉的高鐵票？」

「啊！是的，這張票應該是我掉的，我的票是從左營到桃園，謝謝妳！」我邊伸手進牛仔褲的口袋邊回答她。

「不是應該，而是我親眼看到這張票從你的口袋掉出來。」這位看似活潑又高䠷的女孩微笑著的説。

「謝謝妳！」

連忙向她道謝拿回我的高鐵票後，就匆忙坐上高鐵往桃園出發。

抵達桃園機場後，身為領隊的我把團員的瑣事都處理完之後，我就獨自前往 A7 登機門移動……

眼看登機時間也差不多了，看著團員都陸續登上飛機後，我也準備排隊登機了……

此時，有二位女孩子急急忙忙的提著大包小包的，跑進來登機隊伍裡（應該是為了買免稅品而差點忘記登機時間吧），因為她們為數不少的免稅品吸引我回頭瞄了一下！

但我覺得其中一位女孩感覺特別的面熟，好像在哪見過……

「妳？」我有點訝異的看著她。

「你？」她也是用很驚訝的甜美表情看著我。

「那麼巧？」然後我們異口同聲的看著對方說。

我不可置信的問她：「妳也要飛去伊斯坦堡？」

「對啊！你也是吧？也太巧了吧！，對了，我是 C，這位是我朋友 M，她要跟我去歐洲自由行。」

「沒錯，我也是要飛去伊斯坦堡，我叫小龍，是旅行團領隊，我

們要去西班牙，所以先在伊斯坦堡轉機。」

於是，緣分就這樣讓我們遇見了……

" 但是後來，才明白世界上並沒有命中注定的彼此。"

回過神，步出巴黎北站，我走到巴黎東站，搭著 7 號地鐵線，來到了熱鬧的歌劇院站，一步出地鐵站，就被華麗又貴氣逼人的加葉尼歌劇院（Opéra Garnier）深深吸引！

歌劇院由拿破崙三世下令建造，建於西元 1861 ～ 1875 年間，是法國建築師查爾斯・加尼葉（Charles Garnier）所設計，為新巴洛克風格建築的代表之一。歌劇院二樓陳列了好幾位名作曲家半身雕像，包括貝多芬與莫札特。偉大的人從來沒有離開過這世界，他們在歷史中活了下來，在世人的景仰下流傳千古……

不過還好我不是偉人，所以不必一直待在雕像裡，還是趕緊找到今天晚上落腳的地方吧！

沿著歌劇院前方的嘉布遣大道，我到了住宿的巴黎歌劇院斯克里布索菲特飯店（Sofitel Le Scribe Paris Opera），為什麼會選擇住在這裡？因為這間飯店是她曾經住過的。

她曾經說過，上輩子她一定是住在巴黎，因為她第一次到巴黎時就有種似曾相識的熟悉感，巴黎是她最愛的城市。

人就在巴黎的我，躺在床上，也想起曾經對她說過的話：「妳很愛巴黎，而我很愛妳。」

弄丟了愛情，
卻撿回了自己。

📍 巴黎愛牆 Le Mur des Je t'aime

很愛很愛一個人的時候，正是最在乎對方的時刻，

因為她開心而感到高興，因為她難過而悲傷，

彷彿世界只為她而運轉著，

她的每個眼神，每個笑容，

都深深的牽動著我的每一條神經，

每一次的心跳。從來都不在意自己想什麼？

自己在意什麼？只關心她有沒有著涼？心情好或不好？

直到愛情丟掉了，才發現以前在愛情的世界裡，

只有她，沒有自己。

在弄丟愛情之後，在乎的人消失了，

卻讓我漸漸的找回世界上的自己。

留一些愛給自己

真正讓你長大的並不是愛情，

而是困在傷心與絕望裡的那個自己，

當幸福悄悄離開的時候，

你要學著堅強面對。

即使失去了愛人的勇氣，

也記得要留一些勇氣愛自己。

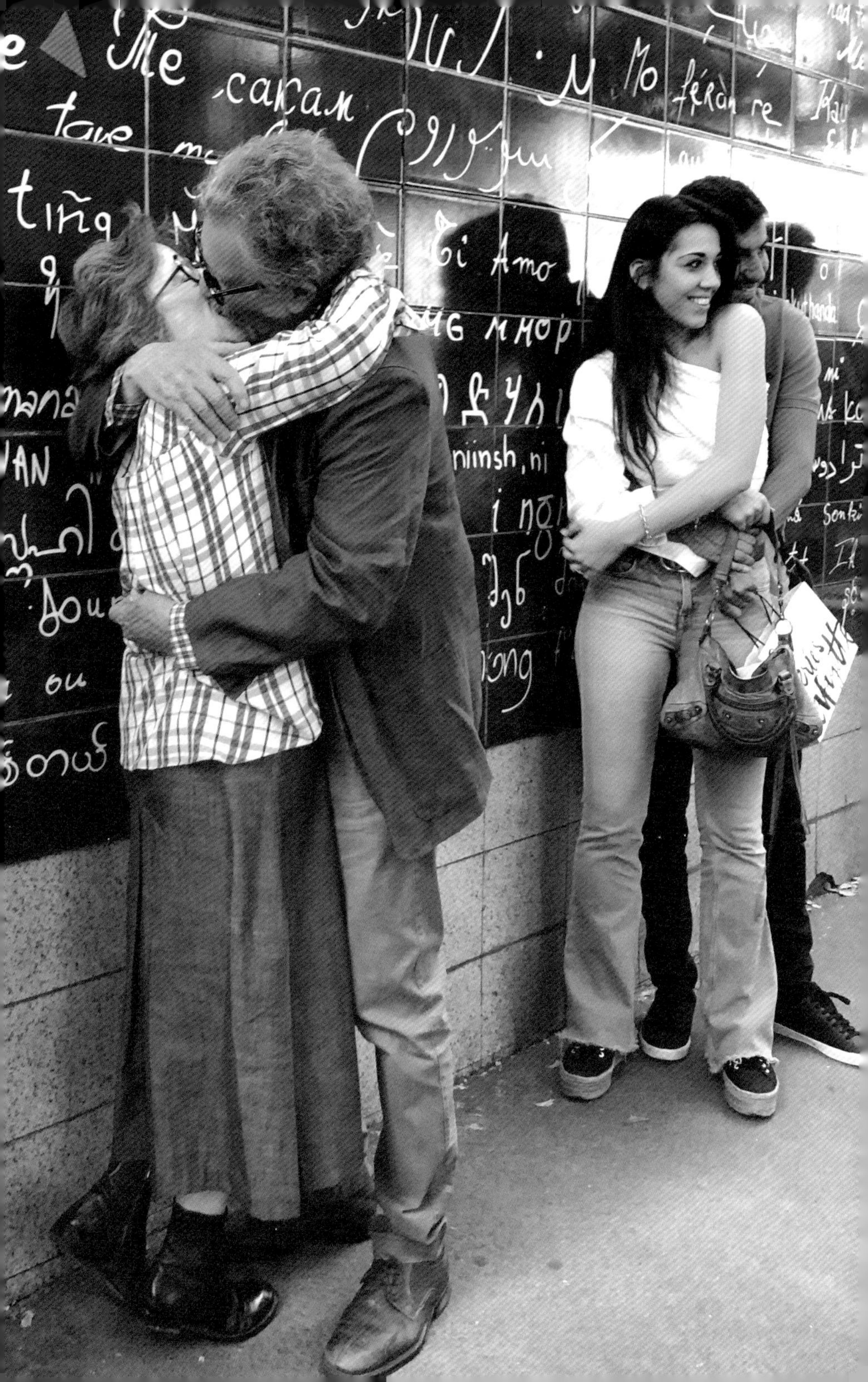
Ti Amo

早安，
你今天喝咖啡了嗎？

雙風車咖啡館（Café des Deux Moulins），
電影《艾蜜莉的異想世界》裡女主角工作的咖啡店。

醒來，我在巴黎，沒有團員，也沒有行程，更沒有她的那句：「早安，你今天喝咖啡了嗎？」

在巴黎喝下的第一杯咖啡，是在跟自己說醒醒吧，加油！

步出飯店後，坐上 12 號地鐵，來到了位於蒙馬特的這間雙風車咖啡館（Cafédes Deux Moulins），刻意選了一個角落的座位，點了一杯 7 歐元的黑咖啡，靜靜的享受咖啡店才有的香氣，隨著服務生慢慢的把咖啡端來到面前，這杯咖啡散發出的香味也愈加鮮明，豐富又多層次的咖啡口感嘗起來著實讓自己瞬間清醒。也趕走了原本空氣中夾雜的孤寂苦澀滋味。

牆壁上掛著法國著名電影《愛蜜莉的異想世界》（Le Fabuleux Destin d'Amélie Poulain）海報，這是一部描述在孤獨與寂寞的童年中長大的女孩，卻能以歡樂又正面的態度及想像力來幫助身邊的人。

　我很喜歡這部電影，女主角在電影裡工作的咖啡館就是在這裡拍攝的，所以我今天是特別來朝聖的。這是獨自一人在巴黎的第一口咖啡，希望能讓自己從過去的回憶中甦醒。

　我知道我再也聽不到她的那句：「早安！」

〞一起喝咖啡很簡單，困難的是坦誠的面對彼此〞

📍 巴黎凱旋門

致過去：

每一個城市，都有它自己的浪漫，

而巴黎的浪漫，是由塞納河開始的。

每一個我們，也都有自己的浪漫，

而我的浪漫，是由認識你開始的。

因為你，我認識了溫柔

更因為你，我學會了體貼

是你，讓我變得浪漫。

我帶著我們那分從天上降落凡間的愛，

來到塞納河畔，

思念過去，想念你。

我一整天在河邊，

嘗試著把我對你的浪漫留在塞納河裡，

讓你給的一切回憶隨波漂流。

你離去時，河流對我有了不同的意義。

巴黎塞納河耶拿橋 Pont d'léna

當愛情變得複雜，

再簡單的付出都是種奢侈，

青春是珍貴的東西，

禁不起任意的浪費。

離開並不是不愛了，

而是一種成全。

成全我對你的愛。

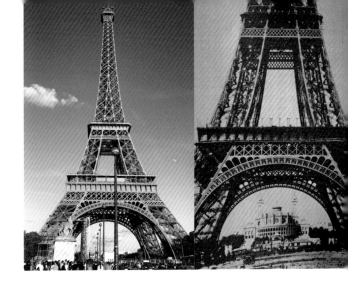

失戀的淚

「天啊！是巴黎鐵塔耶！好感動喔！」

不論是帶團時聽到團員對鐵塔的讚嘆，或者是我第一次見到它時，都會有同樣的激動反應，我常在想，冰冷的鋼鐵卻能夠如此的令人溫暖。真的由衷的佩服古斯塔夫·艾菲爾先生。

根據歷史資料，1886 年時法國政府決定在戰神廣場建造一座高度超過 300 米的高塔，於是邀請了很多設計師來，53 歲的艾菲爾先生從 1000 多位競者中 穎而出，光是設計圖就超過 5000 多張，可見他為鐵塔付出了很多的心力與勞力。幸好當時有艾菲爾先生，否則百年後的我們也見不到如此美麗又耐看的建築。

聽說在巴黎街頭的任一個角落，只要一抬頭就可見到鐵塔，我也抬著頭看著美麗的鐵塔。

失戀的人，在眼眶裡打轉的淚水才不會輕易落地！

痛苦終會過去

有些戀人走到後來，不斷的陷在痛苦的爭吵中
早已忘記當初的甜蜜時光，及轟轟烈烈的愛。
似乎在愛情的保鮮期過了之後，
一切也就開始變調。

時間，雖然無法把我們帶回那段甜蜜時光，
至少，它會慢慢的把我們的痛苦回憶帶走。

第一次的約會

📍 波爾多交易所廣場

「Bonjour！」

「你好！」

那次在機場的登機門與她分開後，記得第一次回臺跟她見面時，她戴著一副黑框眼鏡，在咖啡廳裡如果不是她用法文跟我打招呼，我還真的認不出她。

我問她為何要戴黑框眼鏡？她說因為昨晚睡不好眼睛腫腫的，但是我沒注意到她的眼睛有紅腫，只知道黑框眼鏡依舊擋不住她那迷人的雙眼。

　　感覺得出來，她是一位非常健談的女孩，還不經意露出甜美的微笑，十分迷人……，不知不覺的我們聊了三個多小時，那晚，時間似乎走得很快，快到連我的心跳也跟著加速跳動。

　　那是我們的第一次正式碰面，現在回想起來還是覺得甜蜜，雖然後來才知道她戴墨鏡是因為前一晚與男友吵架哭了整晚……

我們曾在愛情的路上　遇見彼此，

只是剛好　不適合結伴同行，

無法　一起向前走。

曾經說好　要牽手走到天荒地老

現在　只剩自己　一個人走……

兩張明信片：
一張給妳，一張寄給自己

　　在咖啡廳與她初次碰面的隔天，我就帶團去法國了，記得那 13 天的行程裡，她在咖啡廳裡的燦爛微笑、迷人的眼睛或說話的樣貌不斷反覆的出現在我的腦海，隨著時間愈長，畫面卻愈加清晰。到了行程的最後一天，我在尼斯的機場寄了 2 張明信片，1 張寄給自己，1 張寄給她。

Dear 自己：

相信所有的遇見都是有意義，所有的安排都是最好的。

冥冥之中，她來到面前，如此的不刻意，如此的自然，

在旅行路上，她是非常美麗的風景，讓我不禁想停下腳步，

好好的欣賞這難得一見的美。

在美好的青春歲月裡，開始遇見愛情。

Dear C：

法國南部的天氣晴朗，不知道臺灣的天氣如何？

南法薰衣草季節到了，花開的最美的就是這兩個星期，

在這裡到處都可見這紫色的花海，很漂亮的景色。

但是卻想跟妳說：

比薰衣草田更吸引我的，是正看著明信片的妳。

在旅行路上，妳是非常美麗的風景，讓我不禁想停下腳步，

好好的欣賞這難得一見的美。

在美好的青春歲月裡，開始遇見愛情。

卡卡頌古城 Carcassonne

有些風景，

錯過了　還可以回去看，

有些人，

錯過了　就是一輩子。

最美的風景，往往不是在路上，

而是　在你身邊。

多瑙河 Donau

有時候，

比起堅強的　忍住欲出的淚水，

還不如選擇　痛快的哭一場。

最後道別

📍 巴黎國慶日煙火

「我要結婚了！」

這是她對我說的最後一句話，也是給我的最後道別！

在我還沒練習好說再見時，結束卻已悄悄的到來。

個性倔強的我，寧願自己痛苦的承受，也不願再去過問那些是是非非的塵埃。

> " 我們的愛情，宛如夜空中的煙火，
>
> 綻放過五彩繽紛的光芒後，
>
> 美麗只能留在回憶裡。"

Dear C：

謝謝曾經存在的那個妳，

對我來說，

遺憾的並不是妳牽起別人的手，

而是無法常常牽妳的手、伴著妳。

放手之後，

妳的世界少了我，

記得要好好照顧自己。

世界最美的風景，
是旅行中的自己。

📍 希臘 Greece　　📍 愛琴海 Aegean sea

即使在路上沒有人陪伴，

你也不必感到難過，

有些人，

雖然近在身邊，

心卻遠在天邊。

還不如自己一個人就好。

愛琴海的陽光

📍 聖托里尼伊亞 Oia

　　我發現，愛琴海的陽光似乎強大到可以消滅我內心的黑夜！

　　而白色的小屋與湛藍的海景又足以趕走悄悄到來的憂鬱，眼前夢幻般的美景，讓人忘記了悲傷，此刻的感動，讓我不再感到難受。

　　我受的傷，正慢慢的在旅行中被治癒。

　　常聽人家說，失戀了就到海邊吹吹風，到外面曬曬太陽。

　　讓風把你的憂愁全帶走，讓陽光把你的黑暗曬亮，只留下最美最真實的自己。

在她離開之後,

我才發現,

以前的世界只有她,沒有自己。

在她消失之後,

我才懂了,原來的自己從未真正活著。

愛情,從來都不是,

自己傻傻的付出就可以。

最美的 15

📍 聖托里尼島費拉
Fira

小時候，最期待的就是每個月的 15！

這天是家裡藥房的公休日，平常再忙的父親也會在這天停止營業，然後開車帶著我們一家人出門玩，有時去臺南市的百貨公司，或者是高雄市的動物園，甚至於還會坐飛機到臺北的兒童樂園……

記憶中，在每個月的 15，就是我們的家庭旅遊日，也是我最開心的時刻，因為不用上學寫功課，只需要盡情的玩樂，每到這一天，世界彷彿變得不一樣了，甚至於在前一天還會興奮到睡不著，在我小小的腦袋瓜裡，15 日就是最美的日子。

長大後，花了很多日子走遍了世界很多的地方，心中最想念的時光，還是小時候那個最美的 15。這才恍然，原來——

" 旅行的目的地，是到達那最純真的快樂！ "

聖托里尼 Santorini

不論你流浪到哪裡，家永遠都會等著你！

第一次告白

　　第一次在高鐵站與機場遇見的她，其實就是我還與前任在分分合合的曖昧渾沌狀態下。之後，每次跟她見面，總是覺得在她的微笑底下似乎藏有淡淡的哀傷，後來才得知，原來在她的世界裡還有一位不知是前任男友還是現在進行式、交往中的男友。不過在一開始認識她時，我並不介意，畢竟我只存著與她交朋友的心態，她不過是一般朋友，而且她也跟我提過，雖然她的前任不想跟她在一起了，但她真的很愛很愛他。

　　但隨著每次回臺與她的見面次數漸漸增加，對她的感情也慢慢的升溫、改變，跟她相處的時間累積愈長，內心喜歡她的成分也跟著愈高，可是偏偏我明明知道在她的心裡存在另一個人，卻控制不了愈來愈高漲的情感，不禁盼望著，是不是有那麼一天，她的前任真的成了她心中的過去，她能正式的把這段關係結束。

　　就在自己喜歡她的程度大到想要自私的擁有她時，我跟她提出了交往的要求，她卻陷入了沉默的兩難，最後她跟我說：「在我的心裡有別人時，無法再留一個位置給你，這樣跟你在一起並不公平，我們還是當朋友就好。」

　　認識她的第一次告白就這樣失敗了。在她的心裡，我們只是朋友，但在我內心，並不只是。

米克諾斯 Mykonos

夕陽 很美，

黃昏到來還是會 落下，

但喜歡你的情分，在起飛之後，

就不會輕易降落！

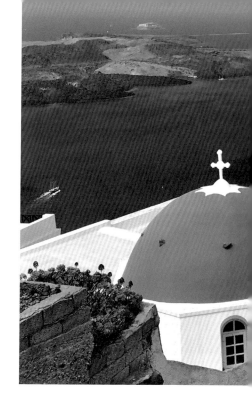

愛琴海的故事

 愛琴海 Aegean sea

　　常常跟團員分享愛琴海（Aegean sea）名稱由來，故事是這樣的，相傳有一位國王米諾斯，統治著海域上最大的島克里特島，有一次他的兒子阿提克在雅典被殺害，為了替兒子報仇，他要求雅典每九年要進貢七對童男童女給他養在迷宮的怪物米諾牛，否則就要攻打雅典，雅典國王愛琴是愛好和平的國王，於是就答應了這個條件。

　　有一年，又到了進貢的時候，雅典國王愛琴的兒子忒修斯自願跟童男童女一起出發到克里特島，他決心要除掉米諾牛，為民除害，並與父親約定，如果成功殺死米諾牛，返航時，就把船上的黑帆變白帆；如果返航時，船上掛著黑帆，代表他被米諾牛吃了。

　　忒修斯上島後，與米諾斯的女兒一見鍾情，她得知忒修斯的任務，

於是送給他一把魔劍跟線球，讓忒修斯把線球的一端綁在迷宮入口，以便沿線回來。

忒修斯進入迷宮，順利的找到了米諾牛並用魔劍殺了它。返航時，忒修斯原本要帶著米諾斯的女兒一起回到雅典，但米諾斯的女兒為了引開她爸爸的追兵，未能與忒修斯會合。

沒能帶著心愛的女人一起回雅典，失意的忒修斯忘了當初與父親的約定，返航時沒有換上白帆，雅典國王愛琴從遠遠的地方看到海上返回的船上掛著黑帆，以為兒子忒修斯死了，國王傷心自責的跳海自盡。從此，這片海就叫做「愛琴海」，這是一片擁有浪漫愛情與感人親情故事的藍色大海。

📍 米克諾斯 Mykonos

酒精能夠麻痺你的神經，電擊你的細胞，

改變你的思緒，趕走你的煩惱，帶給你快樂。

愛情不也是嗎？

但是**清醒之後才是真正痛苦的開始。**

我的好朋友

📍 米克諾斯 Mykonos

　　從小就住在山上，對於海很陌生，也充滿好奇，第一次見到海，是小學時候的遠足，印象非常深刻，因為是有記憶以來第一次看到海，那是臺南海邊秋茂園。

　　當同學們都還在吃著自己帶來的零食時，我已經在沙灘上奔跑著，小心翼翼的用腳去碰海水，冰涼的水溫到現在我還記得很清楚。從那次之後，我就愛上了海，很愛往海邊跑。

　　"談戀愛時，兩個人去海邊散步；失戀時，自己去海邊散心；

　　　快樂時，跟朋友去海邊唱歌；難過時，自己去海邊吹風。"

　　大海，不只是一片風景，也是我的好朋友。

📍 米克諾斯 Mykonos

Dear C：

喚醒我的不是妳那陽光燦爛般的一抹微笑，

而是窗外的一縷晨光，

大海裡的浪花，

把妳捲到我面前，

又匆匆的把妳帶走。

最美的
一幅風景

📍 邁泰奧拉 Μετέωρα

　　旅行中的自己，離開了家，遠離熟悉的環境，走進陌生的國度，接觸不一樣的人，體驗不同的文化、習慣，看見更多的生活，慢慢的改變了自己的思考跟行為模式。

　　希臘有個地方叫天空之城，是古代的修士或修女閉關修行的地方，他們在巨大聳立的石頭上蓋了東正教堂跟修道院，他們遠離塵世，離群索居，他們離開家到這裡旅行，一輩子沒再離開，因為他們知道，在這裡的他們，是世界最美的風景。

　　因為他們學會了放手……

　　在人生的旅行途上，學會了放手，放手讓煩惱飛走，放手讓憂愁離開，放棄讓自己的雙手再緊握住不屬於自己的人。在變好之前，我們都要先學著放手。

　　放手去祝福感恩一切，放手讓自己成為人生道路上最美的一幅風景。

愛情神諭

📍 希臘德爾菲 Delphi

　　傳說古代的希臘人很喜歡求神諭（oracle），當他們有重大事情無法決定時，就會到德爾菲的太陽神廟來祈求阿波羅的神諭，因為神的指引常常讓希臘人獲得成功或心想事成，這裡就變成非常熱門的宗教聖地，甚至於古希臘未婚男女還會把另一半也帶來聖地，透過女祭司詢問阿波羅神，看看兩個人適不適合結婚？

　　原來古希臘人在很早以前就有類似我們求神問卜、合八字，但是不知，如果阿波羅神說這對男女不適合結婚，他們是不是就真的不結婚了嗎？

　　〞兩個人能夠相遇在一起，需要求的是緣分。

　　兩個人能夠一輩子在一起，需要的是彼此的信任。〞

Dear C：

剛始認識妳時，妳說喜歡旅行，是因為沒有打算活很久，想要四處漂泊，到處看看，不想定下來，也不想被綁住，這是妳跟我說的自己。

妳說感情受傷了，交往五年的前男友突然把妳丟下，妳無法接受、也無法承受，妳糾結著，身陷在被丟掉的痛苦深淵中。

其實妳開始旅行，不是因為沒有打算活很久，也不是因為想要四處漂泊，更不是因為不想定下來。

而是因為妳不夠愛自己。

我們曾經在路上以為遇見了最美的風景，

努力付出一切的真心來呵護，

最後卻是遍體鱗傷的說不再愛了。

我們沒有錯，

只是那時還不懂得，

愛自己的美。

赫淮斯托斯神廟
Temple of Hephaestus

並不是自己不好，
只是剛好對方需要的不是自己。

不必怪對方認為自己不夠好，
有些人認為的好，
未必就是最好的。

不懂珍惜你的人離開了，
是要讓你學會欣賞自己現在的美麗，
將來才能被那個更好的自己溫柔對待。

相信自己，
不論晴天或雨天，
你一直都很好。

📍 伊瑞克提翁神殿 Ἐρέχθειον

幸福得來不易，擁有的人要知道珍惜，

並不是每個人都可以如此幸運，

千萬不要輕易的把這分幸福丟掉，

有些東西，

就算撿回來，

也不會再完整了。

你的幸福，

要記得收在內心最深處保管

一輩子。

03
CHAPTER

你值得把美好的
旅行留給自己

 維克小鎮 Vik　　 冰島 Iceland

你對所有人都好，就是忘了對自己好。

你對他體貼，卻沒有對自己溫柔。

你替他著想，卻忘了多為自己想。

你捨不得苛責他，卻對自己很嚴格。

後來，你的仁慈得到殘忍的對待，

你的善良，被視為理所當然。

你的付出，卻換來一句「對不起」，

你不是不好。而是值得更好的，

出發！把美好的旅行留給自己。

她的前任

有一次，她突然向我說了跟前任的故事，我才明白為何她說不再相信愛情。

她跟前任交往五年，她深愛著他，對他溫柔體貼，雖然是遠距戀情，一個住臺北，一個住高雄，但每個週末男的還是會從臺北下來找她。他事業有成，家境也很好，開名車，住豪宅，可是每次約會的開銷大部分都是她在付，因為她覺得兩個人在一起，不必都是男生付錢，而且她也有不錯的工作，願意付出多一點。交往前三年，他們還算恩愛，她相信，只要彼此相愛，其他都還好。

她的前任有一位學妹小Ｑ，也住臺北，她跟前任還有小Ｑ三人也一起吃過幾次飯，就在他們交往的第四年，某天小Ｑ突然打電話給她，拜託她離開她的前任，因為小Ｑ跟她的前任已經在一起半年了，小Ｑ說非常愛她的前任，不能沒有他。這件事，讓她傷心欲絕，悲慟萬分，她跑去跟前任談分手，但前任不願分手，跟她說再給他一次機會，他愛的是她，他跟小Ｑ不是真感情，他一定會把事情處理好，然後就會跟她結婚，定居在高雄。

就這樣，她被說服了，過了半年後，她的前任在高雄貸款買了一棟豪宅，前任說要讓他們結婚後住的，那房子她還付了 500 萬的貸款，交往的第五年，她就一直忙新房子的事，從裝潢設計、監工、挑選家具到家電，甚至連水電裝修什麼都是她一手包辦，她的前任只從臺北來高雄看過新房子一次，等到豪宅弄好可以入住了，她的前任卻一直不肯明說何時要搬下來高雄，她也遲遲等不到前任的求婚。

直到有一天，她跟前任吃飯時無意中看到他的手機傳來了一封訊息，寫著：「你要是不敢再跟她說分手，要不我幫你打電話跟她說……」傳訊息的這位女生就是兩年前的打電話給她的那位小Ｑ，原來她的前任其實一直沒跟小Ｑ分開，難怪這半年來，都只是她一個人在忙房子的事，也聽不到她前任提起過要搬家的事。她當場流淚質問，為什麼又要再次欺騙她？

而這次她的前任沒有解釋，也不再挽回，只淡淡的說：「對不起！我們分手吧，妳是個善良體貼又獨立的女孩，我雖然愛妳，但我更愛小Ｑ，因為她需要我比妳需要我多，她懂我的心，但妳並不懂，只有在她面前我才能作自己。」

交往了五年，他就這麼突然把她丟下，而她還傻傻的以為他們要買房要結婚，一心埋在這段感情裡，她無法接受原來這一切不過是一場空，他就這麼把她丟了，可是她如此的愛著他，她不想離開他，她好難過、好痛心……

就在他們在分手與合好的反覆間，遇見了我！

📍 冰島 Fjallsarlon 冰河湖

千迴百轉的感情路上，

在某個角落我們相遇，

卻又在某個轉彎告別。

愛情並沒有對錯，

也沒有道理可循，

只能不斷的在相遇與告別的歲月裡

學會勇敢，

找到那個更堅強的自己。

最困難的或許不是兩個人在路上相遇，

而是一起學著成長，一起慢慢變老。

挫折，
讓你找到更好的自己

📍 冰島斯科嘉瀑布 Skogafoss

📍 冰島錫爾間歇泉 Geysir

　　還記得十年前在電子公司上班，當時全球正經歷過一場金融風暴危機，很多公司無預警的倒閉或裁員，因此在私人企業上班的人無不人心惶惶，同事間也都説當公務人員比較有保障，因此那時流行報考公職，而原本並不想當公務人員的我，也因為同事都去考試了也跟著去報名考試，對我來説，當不當公務人員是其次，證明自己才是重點。

　　當時所有公家機關的考試錄取率都非常的低，競爭十分激烈，為了讓自己能夠考上，我選擇了報考與自己大學時念的是不相關而錄取率比較高的科目，因此那時白天在電子公司上班，晚上努力的唸書，星期六日也去補習班上課，在兩年內，相繼報考了中油、中鋼、地方特考、臺水，但是卻都沒有錄取。

　　直到參加臺電的考試，放榜時終於讓我考上備取，在當時聽到這消息我實在太開心了，以為自己一定可以去臺電上班，在等待臺電通

知的那段時間，我已經無心在電子公司上班了，時常請假也不按時出勤。

但三個月後，臺電通知我，因為那一次所有的正取生全部報到，所以無名額可以提供給備取生。這個不幸的落榜消息，對我的打擊非常的大，辛苦努力那麼久，就差這臨門一腳，最終功敗垂成。我開始變得鬱鬱寡歡，覺得命運捉弄人，甚至慢慢出現憂鬱的症狀。

那次的挫敗，讓我失去自信與快樂，更讓我失望的離開原本工作的電子公司。

但是如果不是那次的失敗，不會有轉職擔任領隊的我，我也不會走上通往歐洲旅行的美好路上。

" 挫折不是失敗，而是要你找到更好的自己 "

 # 陪著你的風景

📍 冰島斯科嘉瀑布 Skogafoss

　　面對同樣的美麗景色，每個人的心裡反應是不同的。帶著不一樣的心情，看到的風景差異其實很大。

　　失戀的人，他所看見的瀑布，可能就是個流著痛苦回憶泉水宛如人間煉獄的地方，在他的心裡，即使瀑布再美，但因為他內心感到痛苦，他會記得那個風景是難過的。風景不會失戀，但生命會感到痛楚。

　　如果是度蜜月的新婚夫妻帶著甜蜜的愛心來看瀑布，在他們的心裡，瀑布會是個流滿浪漫泉水宛如仙境般的地方，瀑布很美，但他們的心情更美麗。他們會記得風景是浪漫的，風景不會浪漫，但生命會感到幸福。

> ″帶著快樂的心情看風景，風景是美麗的。
>
> 帶著難過的心情看風景，風景或許不會那麼美，
>
> 但它可以陪著你一起難過，直到你微笑。″

📍 冰島黃金瀑布──古佛斯瀑布 Gullfoss

這個世界會對你微笑的人很多，

願意陪著你一起難過的人很少。

難過時，若是找不到讓自己心情好的理由，

那就不必假裝微笑，

帶著想哭的自己去遠方。

害怕時，若是找不到讓自己躲起來的地方，

那就不必偽裝堅強，

帶著不安的自己去流浪。

難過、害怕時的你，並沒有不好，

不好的是，你不敢面對如此脆弱時的自己。

真實的你，不需要偽裝堅強，

更不用逼自己微笑。

冰島辛格維利爾國家公園 Þingvellir National Park

真正教人悲傷的，

不是兩個人無法繼續走下去，

而是愛情離開了，

愛的回憶卻仍在。

揮之不去的甜蜜過往，

比離開的她更讓人難受。

魯冰花

冰島魯冰花 Lupin

每年的五月跟六月是冰島的旅遊旺季，同時也是冰島的花季，旅行團的客人常會問我路邊那一大片紫色的花田是什麼？

這可是冰島最有名的魯冰花，從美國引進來後，發現這裡的土質很適合它們的生長，在沒有人為的特別照料下，以非常驚人的速度生長著，魯冰花長得很好也很健康，這紫色花海反而變成是冰島的一大特色景點，不論是在馬路邊或小山丘上都可已隨處見到。

遠從美國飄洋到冰島，可以說魯冰花在冰島找到了更好的地方。

" 我們也值得把自己帶到更好的地方，遇見更好的人。"

人生的旅途中，

有些人的出現，

是為了讓我們擁有美麗的風景。

有些人的離開，

是為了讓我們擁有美好的回憶。

人來人往的世界裡，

我們其實未曾失去。

現在要過得比以前好

　　曾經有位阿姨團員跟我到冰島旅行，她說這幾年非常愛旅行，大部分都是自己一個人參加旅行團，年輕時也曾談過幾次戀愛，但都沒有好的結果。十年前她結束了最後一段的戀情後，就一直維持單身。那段感情讓她受了很大的傷害，實在太痛，感情跟錢財都被對方騙了，還好她還是放下了，從此之後，不論她碰到任何對象，即使條件再好，她還是不願意再走進愛情。

　　她說自己年紀漸漸大了，無法再讓自己一直無條件為對方付出，無法為感情而煩惱，所以她選擇遠離愛情，後半段的人生都拿來讓自己過得精采。她把錢用來投資自己，買保養品、買新衣服、上健身房運動，到世界各地去旅行，把自己過得很好。她說，現在的她每天都很開心。

　　〞現在過得比以前好，

　　　不是因為擁有多大的成就，

　　　而是懂得對自己好。〞

放下之後，

就再也不必害怕失去什麼了！

把過去那些不好的回憶徹底忘掉，

為自己留下最美好的片段，

因為你值得。

黑夜來臨時，
你要當自己的陽光！

📍 西班牙　　📍 巴塞隆納 Barcelona

📍 聖家堂 Basilica de la Sagrada Familia

你無法讓世界停止崩壞，

更無力改變這個世界，

阻止不了戀情的潰堤，

抵擋不住命運的操弄，

很多事情，

你覺得自己無能無力。

其實你並不需要感到失望。

也不要去反抗，

只要把自己過得很好，

你就是照亮自己的光明。

生日禮物

 米羅公園 Parc de Joan Miró

在第一次告白失敗後，我跟她大約有半年的時間沒再碰面也比較少在聯絡，只是偶爾會互傳關心的簡訊，一方面是自己覺得表白失敗很丟臉，另一方面是害怕自己愈陷愈深，更害怕捲入她跟男友撲朔迷離的感情中。

不過，有一次我從西班牙帶團回臺灣時，她突然傳訊息問我是不是在臺灣，她要請我吃飯，說是要幫我慶生，於是我們約在一間啤酒餐廳裡碰面。

半年沒見的她依然美麗，而且身材似乎更纖細了些。我們邊喝酒邊聊天，我問她這半年過的如何？

她說這半年她過的很痛苦，她的男友一直跟小Q還是有來往，她很想下定決心離開她男友。

我開玩笑說：「不然我幫你打電話給妳男友，跟他說我是妳的新男朋友，不要再來煩妳了。」

有時候，並不是毫無防備，而是一切來得太突然……

　　想不到她說：「好啊，你現在就打給他，打完電話之後我們就在一起。」

　　聽到她這麼說，借助酒膽，我真的就撥電話給她男朋友，然後，我們就在一起了！

　　這是我這輩子最特別的生日禮物。

　　原來我並不是害怕捲入跟她與男友撲朔迷離的感情中，而是害怕失去與她在一起的機會。

飛了 30 趟的巴塞隆納

📍 巴塞隆納聖荷西市集 Mercat de Sant Jose

　　飛了 30 趟的巴塞隆納，才對這座城市從陌生到有點熟悉，從不太喜歡到非常喜愛，如果不是因為工作的關係，我壓根兒也沒想過會來巴塞隆納。

　　第一次帶團到這裡，團員的護照跟包包就被偷了，所以巴塞隆納給我的印象是如同黑夜裡的暗巷，而不是跟聖荷西市集裡的彩色軟糖一樣繽紛。所以認識巴塞隆納，竟然是從警察局開始的。

　　不過，隨著造訪次數的增加，漸漸忘記那黑色記憶，取而代之的是被城市特有的建築文化深深吸引了，很喜歡在它們的大道上恣意的散步，尤其是時尚與美感兼具的感恩大道，這條街上滿滿的都是 19 世紀的漂亮特色建築，有些甚至是當時的超級有錢人例如從事房地產的米拉先生或紡織業的巴特婁聘請知名建築師設計為自己設計的豪宅，例如天才建築師安東尼‧高第設計了米拉之家跟巴特婁之家，而多明尼克則設計了「莫雷拉之家」。這條大道不止建築有特色，同時也是精品店林立的一條大道，我都戲稱為「感恩老公大道」；因為老婆刷卡買精品，老公付卡費。

　　緊臨在格拉西亞大道旁有另一條街道蘭布拉斯大道，這條大道上有各國的特色料裡，甚至還看的到臺灣的珍珠奶茶，不過最具巴塞隆納風味的是聖荷西市集，不論是西班牙生火腿、巴塞隆納海鮮，各式各樣的水果、蔬菜，及色彩繽紛的軟糖都看得到。

　　對巴塞隆納的喜歡，是一點一滴慢慢累積而成的……

　　對人的情感也是……

📍 西班牙

📍 巴塞隆納 Barcelona

📍 聖家堂 Basilica de la Sagrada Familia

當世界愈混亂，你要愈堅強。

在黑暗中，你要找到自己的光。

難過離我太近

跟她在一起後，大部分的時間我都在歐洲帶團，而她則是待在臺灣，但是我跟她的差距不只是數千公里。還有好幾個小時，我跟她說，她一直走在我前面，我怎麼追也追不上。我的一句問候需要穿越好幾千公里才能讓她聽見。

她的世界總是離我很遙遠，時間總是過得比我還要快，距離把我們分隔兩地，時間又把她跟我拆成兩個時空，我們無法說見面就見面，因為相距太遙遠，思念又太近。

還記得有一次，她傳訊息跟我說她的頭很暈，非常不舒服，沒多久她就消失在手機裡了，在好幾千公里外帶團的我，當然是非常的擔心，而且我一直聯絡不上她，傳給她的訊息也沒被讀取，我不斷的打電話給她，就是找不到她。

我不知道怎麼辦？心急如焚的我很擔心她是不是出了什麼事？

好幾個小時後，在歐洲是半夜的我又撥了她的手機，終於有人接了，只是……

「喂！妳怎麼了？還好嗎？我一直找不到妳……」我一聽到接通的聲音就劈哩叭啦著急的講著。

「不好意思，你找睫嗎？她還在休息，等她醒了我再叫她打給你。」

「沒關係，她沒事就好。」

掛上電話後，我呆坐在地上，癡癡的看著窗外的星空……

接她手機的那個男人的聲音很熟悉，跟我之前在啤酒餐廳打電話給她前男友的聲音是同一個人。

是她的前男友接聽她的手機。

> " 並不是距離你一公尺的人就比一萬公里的人更愛你，
>
> 他只不過，比我多了一萬公里的機會來愛你而已。"

> " 難過離我太近，而你卻離我太遠 "

風車村 Consuegra

不要悲傷，

更不必替自己感到難過，

在愛情的盡頭並沒有誰輸誰贏，

只是有的人能夠堅強的面對，

有的只能軟弱的逃離……

📍 風車村 Consuegra

愛上一個人 需要一段時間，

忘記一個人 卻要一輩子。

不要讓黑暗滅了自己的光

塞爾維亞大教堂
Catedral de Santa María de la Sede de Sevilla

有一次帶團來西班牙，團裡有一家庭是爸媽帶著 20 歲的兒子來參加的，那位爸爸的為人客氣，是一位醫生，不過媽媽跟兒子卻完全不跟其他團員打招呼，對我也是常常大小聲，甚至是惡言相向。平常他們吃飯時，我都盡量讓他們三位坐一起吃飯，不會安排其他團員與他們同桌。

那一日，因為餐廳的預約很多，桌子不夠，我必須讓他們跟其他團員同桌吃飯，想不到，那位媽媽竟然當著所有團員的面跟我説：「領隊，你到底會不會安排位子？為什麼我們要跟不認識的人坐在一起吃飯？」

她的音量有點大，餐廳裡還有其他客人，我連忙把那位媽媽請到旁邊跟她解釋，她才稍稍平息，但那頓晚餐的氣氛就非常尷尬。

到了塞維亞大教堂時，因為當地導遊先用英文介紹，然後我再用中文翻譯給團員聽，當導遊講到羅馬希臘時代的神祇跟基督教的神的時候，提到了阿波羅（apollo）跟十二使徒（apostle），因為英文發音接近，我在翻譯時講錯，然後那對母子的兒子也是當著眾人的面指

責我：「連阿波羅神的英文都不懂？要當什麼領隊？」我只好頻頻道歉説對不起聽錯了。

那次的旅行中，那對母子從頭到尾不斷的挑我毛病、找我麻煩，讓我心情大受影響，甚至其他團員也都看出來我臉上充滿焦慮與不開心。

但是其他團員非常關心我，我這才靜下心來思考，體認到我的工作不該只是照顧他們母子，還有其他的團員，我不能因為他們帶給我黑暗，我就把自己的光亮給滅了。

於是，我挺起胸膛，帶著陽光般的微笑面對接下來的旅行……

躲進內心陰暗角落的自己，

無助和痛苦滋味，只有自己才知道，

世界上並沒有任何人能真正看到你的內心，

懂你內心角落的悲傷，

任憑你聲嘶力竭的想要人拉你一把，

終究，你會明白，

能夠爬出困境深淵的，

靠的還是那位勇敢的自己。

📍 西班牙托雷多 Toledo

人生中該在意的，

並不是那些不足掛齒的短暫過客，

更不是那些傷害你的話語，

而是在你身邊付出真心的人，

以及共同擁有的美好回憶。

📍 塞哥維亞主教座堂
Catedral de Segovia

即使失去愛的溫暖，

一個人的你，

依然可以幸福洋溢。

誰説幸福一定要兩個人？

盼望美好再現

📍 西班牙塞維亞瓜達幾維河和羅馬橋
The Roman bridge of Cordoba

　　西班牙人在1626年時占領臺灣北部達16年之久，認真來說，西班牙跟臺灣算是有交集的，在那個時代，連明朝的漢族都尚未踏入臺灣的領土之際，西班牙人就已經到過臺灣，原因是西班牙人在克里斯多福‧哥倫布發現美洲新大陸之後，帶回很多黃金跟珠寶，讓西班牙進入大航海的黃金年代，當時西班牙的國力或財富都達到史上的巔峰。因為從事海上航運貿易的關係，西班牙人因此到了臺灣，雖然後來西班牙人還是不敵在臺的荷蘭人而離開，但是歷史上西班牙人曾踏足臺灣，是無庸置疑的。

　　"曾經擁有的美好時光，隨著太陽西下而沉沒，

在黑夜之中，

內心盼望著陽光再次到來！"

海鮮燉飯

📍 西班牙海鮮燉飯 Paella

　　在馬德里一間專賣西班牙海鮮燉飯的老闆跟我說：「西班牙海鮮燉飯不只是一道菜，更代表著西班牙人飲食文化的精神，外國人來到西班牙都應該吃到好吃的海鮮燉飯。」

　　他還說：「海鮮飯好吃的祕訣除了食材新鮮外，煮米飯是最重要的，不可半生不熟，也不可過熟，必須軟硬適中，米飯吃起來要有咀嚼感，才是最道地的海鮮燉飯。」

　　當我把盤內的海鮮飯吃到一粒米都不剩時，我終於明白為什麼西班牙海鮮燉飯代表著西班牙的飲食文化。

〃 抵達之前，朝思暮想。

　　離開之後，難以忘懷。〞

📍 巴塞隆納奎爾公園 Park Guell　　📍 巴特略之家 Casa Batllo

Dear C：

　　最多時候跟妳分享的美麗景色就是西班牙的巴塞隆納，因為帶團關係時常造訪這座城市，傳給妳的手機訊息最常出現「我到達巴塞隆納了」、「我在巴塞隆納」、「我要離開巴塞隆納了」……這些字眼。對我來說，思念妳最長的時間是在巴塞隆納，內心因為你而開心，快樂，難過，悲傷的情緒波盪也都是在這座濱海大城，巴塞隆納之於我，不止是座迷人的城市……

　　我在巴塞隆納思念著那些曾經有你在的悲歡離合……

 莫伽斯提克酒店
Majestic Hotel & Spa Barcelona GL

莫雷拉之家
Casa Lleó Morera

米拉之家 Casa Mila

聖家堂 Sagrada Família

西班牙阿爾罕布拉宮 Alhambra

在習慣了有你的陽光之後，

開始害怕獨自面對黑夜。

📍 西班牙米哈斯 Mijas Pueblo

黑夜來臨時，

我要學著勇敢的當自己的太陽。

離開是我給你最後的溫柔

📍 挪威　　📍 峽灣仙境 Fjord, Norway

你走了，把我遺留在孤獨中……

習慣了萬念俱灰，

就再也不會盼望每次的起心動念。

我願在愛裡死去，

換你在愛裡重生。

安全感

　　在她的前男友替她接電話的隔天，她撥電話向我解釋，她說那晚她人感到非常不舒服，頭很暈，眼前一片黑，而我又在那麼遠的地方工作，加上時間已經很晚，她實在找不到人可以陪她去醫院，她不得已只好打電話向前男友求救，在醫院急診室躺了好幾個小時才回家，前男友擔心她又暈倒才留下來陪她。她說並不是故意不接電話的。

　　聽完她的解釋後，其實我反而更難過……

　　難過的點，不是因為她前男友留在她家，而是我沒辦法在她身邊陪她去醫院。

　　我並不怪她，怪只怪自己這份需要離家幾萬里的工作，但是我並不後悔選擇這份工作，畢竟擔任歐洲線領隊是我非常嚮往和熱愛的職業。

　　但是這件事情過後，在歐洲帶團的我變得常常會胡思亂想，心裡面開始有了疙瘩，有時甚至會懷疑她是不是又跟前男友碰面，即使她的前男友已經有女友小Q了。

　　感情在失去信任與安全感的狀況下，我跟她的吵架次數，漸漸變多了……

" 安全感不是別人能給的，而是來自於內心的強大！ "

遠距離戀愛，

最重要的，

不是陪伴時間的長短，

而是相隔兩地的彼此信任。

📍 挪威精靈之路 Trollstigen

很多事情，

用心盡力去做，

其實就已經是完美了。

不必怪罪命運捉弄人，

也不要糾結於過去的壞事，

與其浪費時間的怨天尤人，

還不如放下一切去遙遠的地方旅行。

有時候，

離開是為了更好的回來。

眾神賜予的仙境

📍 挪威松恩峽灣 Sognefjord

　　峽灣（Fjord）是眾神給挪威最好的贈禮，同時也是最讓人著迷的地方，以冰河鑿切而成的「峽灣」地形分布在挪威的西部，每年數以百計的觀光客蜂擁而至，為的就是一睹仙境的面貌。

　　帶團去過很多國家，對我來說，挪威峽灣是我最喜歡的，也是不管來幾次仍會感到興奮與驚豔的地方，在這片眾神遺落凡間的仙境裡，連呼吸都覺得特別愉快，眼中的美麗風景把心靈也都淨化的特別乾淨，層層疊疊的山脈與波光粼粼的湖水在這裡形成一幅最漂亮的風景畫。

　　挪威的五大峽灣，由北到南分別是蓋朗格峽灣、北峽灣、松恩峽灣、哈丹格峽灣跟最南邊的莉絲峽灣。每個峽灣都有各自不同的特色，

例如峽灣之王的蓋朗格峽灣，在 2005 年還被列為世界文化遺產，是
挪威最受歡迎的峽灣之一，另外位在松恩峽灣的佛萊來姆小鎮更是挪
威縮影火車及渡輪的起點處，更是遊覽峽灣遊客的必經之處。

　　在峽灣邊散步或慢跑真的是全世界最幸福的事了，享受這片人間
仙境的美景，不論什麼煩惱都能暫時拋到腦後了，旅行要的就是到更
好的地方，讓自己變得更快樂。

挪威松恩峽灣 Sognefjord

如果世界上真的有仙女，必定是化身人間女子的妳。

如果世界上真的有仙境，必定是遺落在凡間的挪威。

📍 挪威松恩峽灣 Sognefjord

有一個喜歡的地方，你會不斷想著再次前往，

有一個喜歡的人，你會常常想著再見到她。

抉擇

　　八年前帶團來挪威，那一團只有 10 個人，飛機剛抵達挪威首都奧斯陸時，有一對老夫妻的先生跟我說他高齡 90 歲的父親於昨晚在臺灣過世了，他們問我能不能幫忙他們訂飛機票回臺灣？還問我如果提前結束行程能不能有部分退費？

　　我聯絡完旅行社之後，告訴他們可以幫他們訂飛機票回臺灣，只是他們要自付飛機票費用，還有因為飯店跟餐廳的費用已經都支付了，所以提前結束行程無法有任何的退費，跟他們說考慮好要盡快告訴我，因為隔天行程就要進去峽灣，一旦進入峽灣旅遊，要再回到奧斯陸機場就要花很長的時間。

　　他們夫妻倆陷入了困難的抉擇，畢竟從臺灣很辛苦的飛了 20 幾個小時才來到挪威，而且如果在這時候結束行程不僅十幾萬元的團費飛

> "面臨抉擇時，可能都會猶豫難以決定，
>
> 但最終不論選擇什麼，我相信都是最美好的路。"

了，也看不到美麗的峽灣景色，還要再花幾萬元的飛機票回臺灣，但是又想到父親，怎麼可能不趕回去送他最後一程？

　　碰到這種狀況，我不太敢給他們任何意見，選擇靜靜的等他們告訴我最後的決定，他們有問我說如果等峽灣行程結束再回臺灣能不能來的及趕在他父親出殯那天前回去，我說峽灣行程會走 5 天，再加上搭飛機需要 1 天的時間，所以恐怕來不及在 7 天內回去。

　　在當晚的 12 點，他們終於決定了，先生自行搭飛機離臺奔喪，太太留下來繼續旅行。

　　我想這樣也好，一個人先離開，一個人留下來還可以把峽灣的風景帶回臺灣，而且損失也不會那麼大。

我們明明都知道，

就算花一輩子也無法把世界走完。

但是我們還是帶著環遊世界的夢想，

一步一步的向前走。

一生中擁有的機會很多，

遇見真愛的機會卻很少。

一輩子的時間雖然很長，

與所愛的人相處的時間卻很短，

如果遇見了，就好好把握，

不論結局如何，

都要珍惜每次跟身旁的人相處的時間。

莫忘初衷的彼此相惜。

感情的終點

　　在我跟她的吵架次數漸漸變多之後，彼此互傳訊息的時間也慢慢的變少了，從訊息的字裡行間甚至可以感覺到她的心不在焉，有時候傳給她的訊息都是過了三、四個小時後才被她讀取，而她回傳的訊息常常是簡短的「好」、「是」，或者「我先忙」，有一次我再也忍不住的傳訊息問她……

　　「我覺得最近妳回我的訊息很敷衍，好像不太想跟我聯絡？」

　　「有嗎？你想太多了，只是最近的工作比較忙。」

　　「但有時候甚至是晚上的時間，妳也不常讀我的訊息……」

「有時候晚上跟朋友聚餐，手機就會放在包包裡，不是故意不讀你的訊息，而且你在帶團中，我不希望你分心跟我傳訊息。」

「但是我看到妳在臉書上還會 Po 出聚餐的照片，怎麼可能沒有看手機？我們剛認識時，我們的互動並不是如此生疏的，如果妳不想跟我聯絡了，可以直接告訴我，不要讓我像傻瓜一樣每天守著手機等妳的回訊。」

「要是你不相信我說的，我也沒辦法，我要睡覺了，晚安！」

那時臺灣時間是晚上 8 點，她就跟我說要睡覺了。

她這次的晚安，似乎是在預告感情的終點即將到來⋯⋯

離開是妳給我的告別

　　她在那晚 8 點跟我說要先睡覺之後的一個禮拜我們都沒有聯絡，直到我從奧斯陸飛回臺灣時，我主動約她見面，因為忍不住想見她，且她也說剛好有事情要跟我說。

　　我們相約在第一次碰面的咖啡廳，但是這次她並沒有戴黑框眼鏡，

而且她的氣色看起來非常好，反倒是昨晚剛下飛機的我顯露疲態，但為了見她，我還是打起精神趕來咖啡廳赴約。

不過，當我的手就要放在她的手上時，她的手卻移開了。

「怎麼了？妳還在生氣？」我不解的問。

「我們……」她支支吾吾的。

「有什麼事妳可以直接說。」

「我們……還是當朋友吧。」她的口氣相當冷靜。

我激動的問：「為什麼？」

「我們其實並不適合，我要的另一半其實很簡單，是一位能待在我身邊的人；在我生病時帶我去看醫生，在我需要安慰時陪在我身邊，晚上睡覺時有人可以抱著，但是這些簡單的事你做不到。而且我要結婚了，我前男友上個月已經跟小Q分開了，他在上個月正式向我求婚，我答應他了，對不起，我知道到你是個好人，是我配不上你，我不該再擔誤你的時間。」

聽完她的這番話，我故作鎮定的說：「好，我明白。我會離開，祝妳幸福。」

說完，我起身要走時，她突然抓住我的手說：「對不起！」

我放開她的手，一句話也沒說的轉身離開。

走出咖啡廳的大門外，天空開始飄雨了，眼角的淚也不自覺的往下掉……

我給妳
最後的溫柔

📍 挪威卑爾根

如果有可以留下的理由，有誰會選擇離開？

最後能給妳的溫柔，

是用一個破碎的我還妳一個完整的未來，

我走了，

把妳交給幸福。

妳走了，我把自己留在孤獨的風雨中……

有些風景，

美得讓人傾心，

想為它停駐，

再也捨不得離開。

我們沒辦法滿足所有的人，

也不可能贏得所有人的喜愛，

人生在世最重要的，

就是活出自己，

而不是活成別人喜歡的樣子。

06

與美好的自己在旅途中相遇

📍 土耳其伊斯坦堡　　📍 伊斯坦堡 Istanbul

📍 歐塔寇伊清真寺 Ortaköy Camii

旅行路上的你，是回憶裡最美好的樣子

我們無法滿足身邊所有的人，

也不可能贏得每個人喜歡。

活在世界上最重要的，

是做自己想要的樣子，

而不是活成別人喜歡的模樣。

跳脫框架的束縛，

釋放出真正的自己。

 伊斯坦堡 Istanbul

或許現在的你覺得生活很辛苦，

過得不開心，不如意。

但還是請你好好的過下去

未來要走的路還很遙遠，

終有一天，

你會在出發的路上遇見那個很不一樣的自己，

擁有屬於你的那一片風景，

以及盼望很久的美好。

遺憾成就更完整的自己

誰說失戀一定很痛苦？又是誰說失去愛的人很難受？

在放手之後，能讓所愛之人幸福，心裡不該感到難過，而是替自己感到光榮與驕傲，心裡很愛的那個人能夠快樂的過日子，自己的內心也會覺得欣慰與踏實。

放手並不是不要了，而是把她收進我的記憶深處裡。沒有了愛情，卻得到了更完整的自己，成就了她的幸福。

一個人的我，才知道我要的不是別人的救贖，而是自我的領悟。

在兩個人相處的過程中，從開始的悸動時刻，熱戀的浪漫時光，快樂的旅行時刻，吵架的爭執片段，到最後的離別時刻，每一刻，無不是生動美麗，這些都是相愛的過程中必經的道路。

在愛情朝聖之路上，我跟她，都曾肩並肩走過。只是在分岔路上，我跟她各自選擇了不同的方向，我們暫時道別了彼此。在永恆的時空裡，某個輪迴的世代，我跟她還是會再相遇與相愛。

失去她，我時時刻刻都在想著她，惦記著與她的種種美好。

她的離開讓我深刻的感覺到自己存在的意義。

"與她分離，是我的遺憾，卻也讓我開始尋找更完整的自己。"

📍 土耳其伊斯坦堡藍色清真寺 Ayasofya

在一起時擁有的並不是彼此，

而是兩個人的互相陪伴，

在分離時失去的並不是愛情，

而是兩個人的幸福未來。

離開一點都不難，

難的是你還愛著對方。

旅行成為救贖我的信仰

Dear C：

　　妳一定無法想像，在離開妳之後，旅行對我的意義有多大的改變，在思念妳又不敢放縱自己盡情思念時，旅行成為救贖我的唯一信仰，在我孤獨時，看著偉大的建築，想著在千年之後終將成為廢墟，看著寬闊的河流，想著有天也將乾涸，看著路上來往的人，在百年之後也會消失不見，留下的只剩下無盡的荒涼。旅行不只是我的信仰，更是填滿我空虛內心的支柱。

　　旅行成為我的信仰，是我往前走的動力，在我面對挫折時，旅行教我勇敢。在我失去妳時，旅行教我堅強。當我憂傷，難過，生氣，無助時，旅行教我放下一切，看看天空的烏雲，一瞬間就會雨過天晴。

　　我在土耳其的宗教建築前低頭禱告，也不是求妳能回頭，或挽回我們的感情，而是希望自己內心的孤獨能獲得釋放。在伊斯蘭教的可蘭經內，信仰唯一的真神阿拉才能獲得解脫，而阿拉存在於自己的內心，相信阿拉代表相信自己，唯有相信自己，才有可能獲得解脫。

　　〝藉著旅行的信仰，我相信自己，有一天將會獲得救贖與解脫。〞

世界的首都

📍 土耳其伊斯坦堡徹拉安宮 Çıra an Sarayı

　　世界上橫跨河流的首都不計其數，但是橫跨海峽的只有伊斯坦堡，而且伊斯坦堡更是歐洲與亞洲的交接點，自古以來就因為戰略位置太重要了，成為了兵家必爭之地，千年來，先後有羅馬帝國，拜占庭帝國跟鄂圖曼帝國把這城市當成首都來使用，它就是一座壯闊偉大的古城首都命格，就連拿破崙也曾經說過：「如果世界只有一個首都，那必定是伊斯坦堡。」

　　在這個如此特別的城市裡，天際線上滿眼望去是一根根的尖塔，那是清真寺旁的喚拜塔，有的清真寺是 1 根，有的是 2 根、3 根、5 根的尖塔，最特別的要屬獨一無二擁有 6 根尖塔的藍色清真寺了。

在伊斯坦堡總共有 2000 多座清真寺，可以想像伊斯坦堡的天空中萬頭鑽動排列的尖塔是何其壯觀，而且每到教徒了做禮拜的時間，此起彼落的伊斯蘭聖歌音樂透過一根根尖塔同時播放，教人忘記要朝麥加磕頭跪拜也難。

我與伊斯坦堡的緣分很是特別，這裡除了是我人生第一次帶團的目的地外，也是我在帶團時停留最長的地方，因為有團員跌倒受傷住院開刀，於是在這裡待了將近一個月，但也因此有了與伊斯坦堡更多接觸的機會，伊斯坦堡雖然是大城市，但這裡人們並沒有一絲冷漠的氣息，反而走在路上常會有陌生人迎面對你微笑。對於旅人來說，一座友善的城市遠比美麗的風景還重要。

第一眼見到伊斯坦堡時，我是非常緊張與興奮的；緊張的是因為我在工作中，但對這雄偉壯麗的城市又感到非常興奮，每次搭飛機抵達伊斯坦堡時，內心總是感到快樂與開心。在博斯普魯斯海峽上搭船可以欣賞到歐洲區富麗堂皇的宮殿、飯店、大學，與清真寺，還有富豪們在山上蓋的一棟棟豪宅。而亞洲區的鄂圖曼式建築及亞洲風味的民宅與歐洲區形成強烈對比。

" 看著在山上那五百年前的碉堡，

　及海峽岸邊上空自在飛翔的海鷗，我明白了

　人們為了爭奪這座千年首都流下的血液，

　最後都融合成為伊斯坦堡的美麗血統，

　連海鷗都不捨撥動翅膀離開。"

 土耳其伊斯坦堡

不論是帶著憂愁或喜悅出發都可以，

因為在旅途中看過浩瀚建築，寬闊大海，湛藍天空，

以及其他美麗的風景後，

才會明白自己的喜怒哀樂有多渺小！

最美好的自己

📍 土耳其希拉波利斯古城 Hierapolis

　　西元前 336 年，希臘的年輕領導者亞歷山大即位，他雖然在西元前 323 年就去世了，但短短的 13 年間，他統一了希臘本土、巴爾幹半島，並征戰埃及還有偉大的古王國波斯帝國，甚至東征到印度河的西岸，他是偉大的亞歷山大大帝。因為他的豐功偉業，希臘的優質文化得以傳播到東方，也傳到了土耳其。

　　在他死後留下的大片領土後來卻是四分五裂，瓦解成為三大區域，土耳其的希拉波利斯古城就是由白加孟王國建造，而白加孟就是從三大區域中發展而成的，所以希拉波利斯古城算是一座典型的希臘式古城，從依山而建造的劇場就可看出。

　　亞歷山大大帝在世時雖然英勇無比，但英年早逝，對他來说，一生都是在戰爭中度過，並沒有享受過清福，因為個人的征服欲望太強，追求榮耀的成就感，最終讓他命喪他鄉。

　　每個人在出生之後，就開始朝終點前進，有些人的步伐輕鬆，慢慢的走著，享受身邊的美麗景物，但也有些人的步伐倉卒，在還來不及看看這美麗的大地時，就已經走到終點。

"我們難得可以走在人生這一段路上，當然要好好的把握機會看看這世界，不要走太快，也千萬不要急，好好享受路途上的美麗風景，才能當個最美好的自己。"

📍 土耳其

有時候我們對未來感到失望，

不再相信自己能夠變得美好，

那是因為我們還沒有學會熱愛自己，

在變好之前，

先懂得把自己照顧好，

愛惜自己的生命，

相信一切會愈來愈好。

📍 土耳其

放不下的不是深愛的那個人，

而是你內心裡的回憶。

思念一個人時，

難過的不是你再也見不到對方，

而是你們早已變為陌生人。

現在的我過得不好

📍 土耳其卡帕多奇亞 Cappadocia

Dear C：

　　在土耳其的某一個夜晚，我作了一個夢。在夢中我穿著新郎禮服去參加妳跟他的婚禮，在會場的賓客紛紛問我為什麼穿著新郎禮服？我受不了大家不斷質問，於是就跑到妳的面前拉起妳的手往外狂奔，跑著跑著，我摔落到一處懸崖下才驚醒。這算是噩夢吧，也是離開妳

100 天第一次夢到妳。

　　離開妳之後，我告訴自己其實沒有那麼愛妳，所以我不會難過。手機裡任何有妳的照片統統刪除了，跟妳有關的任何東西也早已被我藏起來了，甚至於把我們之間所有的訊息紀錄也都銷毀，為的就是不再讓妳出現在我的生命裡，但是我再怎麼騙自己，妳還是在夢裡出現了。

　　沒錯，分手後我很難過，也非常想妳，沒有了妳，我過得很不好。不知道有多少個夜晚，我想藉著酒精忘記妳，卻在隔天醒來後更加清醒的想起妳，不知道多少次看著美麗風景時想起妳曾經說的，要跟我環遊世界；更不知道有多少次，我看著天空，眼淚就不自覺的往下掉。

　　失戀的我過得不好，但是我不會告訴妳，也不需要告訴妳。妳只要記得，我們曾經擁有過一段美好的愛情旅程就好。

" 雖然現在的我過的不好，

　沒關係，

　但我會很努力讓自己變得很好。

土耳其卡帕多奇亞 Cappadocia

過去那些一起在公園散步或在咖啡廳

喝著黑咖啡的平淡簡單日子，

現在卻成為遙不可及的美好。

有時候，

幸福又美好的你早就存在，

只是發現得太晚而已。

 土耳其

失去愛情，不代表一無所有，

至少在人生的旅途中，

有過一段美好的甜蜜回憶。

或許分開的當下，會認為談戀愛很傻，

不久的將來，你會覺得當時那個

為愛哭得死去活來的你，更傻。

土耳其凱考瓦 Island of Kekova

一個人的時候並不代表寂寞，

當你內心想著另一個人時才是真的寂寞。

很多時候，難過是因為內心不夠強大，痛苦是因為自己軟弱。

負面情緒從來都不是別人給你的，而是自己給自己的。

過去的事不會因為你的難過或痛苦而改變，

卻會影響到現在或未來的你。

因為心都被過去那些不好給占滿了，再也沒有空間留給好的。

所以不論過去有多少不好的回憶，把那些統統清掉，

讓美好的正面情緒慢慢的住到心裡。

土耳其凱考瓦 Island of Kekova

航行於大海上的船隻，

最終還是需要返回港灣邊停靠。

船如果沒了港灣，

只能在海上不斷漂流，

繼續尋找自己能靠岸的地方。

07
CHAPTER

謝謝讓我成長的妳

 印尼　　　　　 峇里島 Bali

妳曾經陪我走過的那些地方，名字叫「幸福」。

這世界上願意跟我們聊聊天的人不少，

能拉著行李陪伴我們出國旅行的人卻不多。

旅行的目的地在哪裡其實都好，

重要的是路上有個在乎我們的人陪伴在身邊。

謝謝妳讓我看見世界不一樣的風景。

謝謝妳來到我身邊

📍 泰國曼谷 Bangkok

感謝老天讓我遇見妳，在妳最美麗時。謝謝妳曾來到我身邊駐足停留，不但把美好的風景給了我，也在我心裡留下最甜美的回憶。感恩平凡的我擁有了如此精采的愛情旅程，跟妳在一起的每分每秒都充滿了喜悅與感動，那些與妳一同走過的路都令人感到雀躍。

與妳相處的時光裡，我感到滿足，喜歡盯著妳漂亮的眼睛，喜歡牽著妳的手散步，更喜歡看見妳微笑的樣子，愛情對我來說，無非就是妳的全部。

我並不貪心環遊世界，也不奢望妳陪我走完人生的旅途，因為我已擁有過與妳一起的幸福旅行。

" 謝謝妳曾經陪我走過一段路……

伴我成長茁壯。"

日本東京 Tokyo

小時候總是盼望著快點長大，

長大後卻希望能回到小時候。

時間或許無法加速，也不能倒退，

但是在那精采的青春歲月裡，

我們用淚水換得了成長。

盼望很久的浪漫地方

📍 印尼峇里島 Bali

十年前剛踏入旅遊業，那時候的主管問我最想去的旅遊地方在哪？原因是什麼？

我回答峇里島，因為那裡代表的就是幸福與甜蜜，是結婚度蜜月新人最愛去的聖地；有一天我要去看看那充滿幸福的大海，以及浪漫的夕陽。

想不到，去峇里島旅行的心願放在心中，一放就是好幾年。

我想拿著一本書，面對著峇里島幸福的大海，透過書裡的文字與自己說說話。

我想喝著一杯酒，看著峇里島浪漫的夕陽，透過酒精濃度與另一個自己見面。

我想帶著幸福去一個幸福的地方……

　　抵達峇里島時，我跟她說：「我很開心，在好幾年前就想來了，今天終於如願了！」

　　她說：「想不到旅行過那麼多國家的領隊，竟然沒有來過峇里島。」

　　「因為就是在等我的幸福帶我來呀！」我說。

　　對於一位以旅遊為工作的領隊來說，能夠以旅客的身分旅行是件很輕鬆愉快的事情，更何況是個自己從未到訪的地方。想品嚐當地的各種食物，對於每一個新奇的事物也都充滿了好奇，尤其對於具有印尼特色的寺廟建築更是情有獨鍾，因為這裡竟然不是像傳統的印尼國家以回教為主，而是信仰著印度教，因此寺廟上出現各式各樣印度教神祉的精緻雕刻。

　　那一場旅行，是完美無瑕的。我永遠也不會忘記在沙灘上吃著燒烤的愉快，以及那海風吹來時在妳臉上洋溢的幸福表情。

　　〝來峇里島旅行很簡單，困難的是跟對的人來。〞

📍 日本京都 Kyoto

老天讓你遇到感情的挫敗，

並不是要把你打倒，

也不是要你不再相信任何人，

而是

要你在失敗中學習成長，

學會愛一個人，

讓你在遇見下一個人之前，變得更好。

📍 日本京都 Kyoto

很多想一起完成的事情,

在兩個人還來不及去做時就分開了。

有時候,

遺憾的不是説出口的分手,

而是離別後的悔不當初。

困難的不是分離,

而是忘掉心中那些在一起的回憶。

把自己變得更好

📍 印尼峇里島 Bali

抵達曼谷機場後，她迫不及待想在機場買泰式奶茶喝。我跟她說我先用臺幣換一些泰銖，她說她身上有港幣，用港幣換泰銖的匯率比較好。我跟她說沒關係反正差不了多少錢，也只是先換一點而已。

或許她怕我浪費錢，她堅持要用她的港幣去換泰銖，而我也跟她說因為她已經幫我付了機票錢，所以我要用臺幣換泰銖。

結果我們兩個人就為了這件事情在機場鬧了脾氣，最後我們的泰式奶茶沒有喝到就搭接送的車子離開了。

其實我們彼此都想為對方付出，想對另一半好，好的出發點卻以壞的結局收場；因為當時我們還沒有學會愛的全部。

每一個人出現在我們生命中，都是老天安排好的。不論結局如何，中間的過程一定有些事要我們學習，不必因為挫折、失意就以為全世界要毀滅，更不用覺得一個人的離開自己就沒辦法活下去。

因為在交往的過程中不夠珍惜對方，在分開後我們就知道，日後應該多花一些時間和心思來經營感情；因為在交往的過程中常常為了一些小事情而爭吵，在分開後我們就知道相處時多忍讓對方；因為在交往的過程中沒有替對方多想一點，分開後，我們學會要多站在對方的立場想一下。如果因為在交往的過程中所犯下的錯誤，讓我們學到更多，未必不是件好事。

真正會讓你崩壞的，不是那位丟下感情跑掉的人，而是自己無法平靜的情緒。再多的難過與傷心，也喚不回過去的快樂，一直停留在過去，只讓會自己更頹廢，最後終究是自己毀了自己。

" 相信，我們所遭遇的每一件事，每一位出現在你身邊的人，

都是我們這輩子最好的功課，最值得相遇的貴人，

讓我們學習把自己變得更好。"

 泰國曼谷 Bangkok

其實真正讓人放心不下的

不是沒有機會一起爬得更高、變得更好，

而是那些兩個人曾經許下的美好願望

來不及去實現。

不必對這世界感到失望，

更不用悲觀看待未來，

世界並不認識你，

未來也不會辜負你，

遇到任何困難，

能夠保持正向樂觀態度，

你就已經解決一半了。

📍 **泰國曼谷鄭王廟**

真正會讓你崩壞的，

不是那位丟下你跑掉的人，

而是自己無法平靜的情緒，

再多的難過與傷心，

也喚不回過去的快樂，

最後受傷的也只是自己。

📍 印尼峇里島

其實你沒有想像的脆弱，

並不是非要誰陪你才能活下去，

你並不知道自己真正需要的是陪伴或只是習慣，

有時候，

難過身邊沒有人陪伴，

只不過是害怕自己一個人孤獨而已。

 印尼峇里島 Bali

Dear C：

曾經以為遇到妳，

是最終目的地，

從此再也不必漂泊與流浪。

後來發現，原來妳的出現，

並不是我的終點，

而是為了讓我成長，

重新出發後，

在路上找到更好的自己。

謝謝陪我走過一段路的妳

到遠方把更好的自己帶回來

📍 葡萄牙 Portugal

在很遠的地方，有一位更好的自己等著你去遇見！

放掉過去那些對與錯，

現在就開始默默耕耘，

停止抱怨的持續努力。

帶著擁有正能量的自己出發，

前往遠方的目的地，

相信在旅途上，

你會看到自己喜歡的風景，

以及變得美好自在的自己。

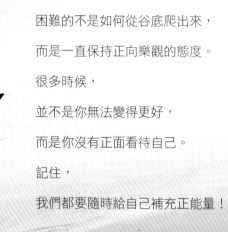

困難的不是如何從谷底爬出來，

而是一直保持正向樂觀的態度。

很多時候，

並不是你無法變得更好，

而是你沒有正面看待自己。

記住，

我們都要隨時給自己補充正能量！

📍 葡萄牙里斯本 Lisbon

不要害怕改變，

一成不變的安逸生活只會害了自己，

時間不斷在前進，

我們從小孩長大成為大人，

都是不斷在成長與變化，

改變自己，

不斷的精進自己，

才有可能遇見更好的自己。

 葡萄牙辛特拉 Sintra

喜歡到世界各地旅行，

因為可以看見各國不同的風景，

體驗不同的文化，

欣賞不同的建築，

品嘗不同的美食，

以及

遇見那個很不一樣的自己。

📍 葡萄牙里斯本 Lisbon

我們無法控制世界變好或變壞，

也無法控制未來能夠美好或崩壞，

但是我們可以把握現在的自己，

讓自己保持在最佳狀態，

愛惜自己的身體，多做運動，不熬夜，

學習更多的事物，

保持一顆快樂的心，

有空時就去遠方看看美麗的風景，

讓自己的心跟這世界一樣寬廣，

日子一定會過得愈來愈好。

 臺灣臺南　　 微風山谷民宿

小時候有很多的夢想，

那時候的內心有著無比的信心與勇氣。

長大的過程中，

在不斷的遇到的困難與打擊之後，

漸漸的被那些挫折把夢想摧毀殆盡，

最後只能向現實低頭。

夢想隨著年齡增長反而變得愈來愈不切實際。

當你想要放棄努力很久的夢想時，

不妨想一想小時候那個無所畏懼的模樣。

葡萄牙貝倫塔 Belém Tower

不論遇到什麼困難，

記得告訴自己，

憂慮的心只會讓人難過，

保持愉快才能給你更大的力量解決事情。

世界上還有什麼比快樂的活著更重要？

📍 葡萄牙里斯本 Lisbon

很多人表面的光鮮亮麗，

其實背後經過很多不為人知的努力。

或許拚命努力未必能成功，

至少在過程中你會獲得很多寶貴的經驗。

只要用盡全力做一件事，

成敗已經不是那麼重要了。

葡萄牙里斯本
愛德華七世公園
Parque Eduardo VII

臺灣

走在人生的道路上，

偶爾不小心跌倒了，

不必等待別人來扶你一把。

世界上沒有任何人應該幫你，

你該相信你可以，

靠自己站起來，

未來的路才會好走。

奥地利哈斯達特 Hallstatt

總會有那麼一個人，

只要對你講話的態度稍為改變，

你就覺得世界末日要來了。

那個你在乎的人，

也是能夠輕易決定你的喜怒哀樂的人。

📍 奧地利哈斯達特 Hallstatt

與妳相處的美好時光雖然短暫，

但是妳帶來的那片美麗風景，

留在我心底是一輩子。

奥地利聖沃夫岡 St. Wolfgang

出發去遠方旅行，

看看漂亮的風景，

呼吸新鮮的空氣，

感受自然的脈動。

才對得起努力生活的自己。

離開之後

離開的妳一定也經歷一番掙扎與猶豫，

其實妳並不需要為自己的選擇說抱歉，

我知道，

妳也只是希望過得比跟我在一起好而已。

在分開之後，

我又回到了遇見妳之前的那個樣子，

獨自在遙遠的國度與美麗的風景一起努力著。

只不過，

妳把我帶走的心一直沒還我，

我在等待，

有一天，

風會把我的心從妳那裡帶回來。

美好的一切，在起飛之後開始。

告別

📍 奧地利維也納

在未來不斷旅行的日子裡，

或許有一天，

在異國的某個巷弄轉角處，

會不經意的與妳相遇。

並不是久別重逢，

而是握手告別。

每一次的旅行，

都是為了有天能好好的與妳告別。

188

希望下次的相遇，

我們都能成為更好的自己。

也許值得你等待的，

已不是那個忘不掉的人，

而是歷經刻骨銘心的愛情後，

慢慢要變好的自己。

後記

 臺南奇美博物館

　　這是我的第三本書，跟前兩本不一樣的是，這本書是在全球新冠病毒肆虐之際，也正是身為國外領隊的我失業時所完成的，這段時間裡常常感到沮喪、灰心與焦慮不安，內心一直盼望著國外疫情能趨緩，早日回到工作崗位，過著正常的生活，而且這分惶恐的情緒還不知道哪時候才會成為過去，四個月了，但往常的生活卻還回不來。

　　但是在徬徨無助時，我並沒有自怨自艾，更沒有因為環境變得險峻就放棄自己的夢想。人生的谷底時我完成了這本書。

不必害怕面對困境，

挫折是為了讓你成為更好的自己。

請相信，

一切慢慢會變好的。

在旅行路上遇見更好的自己

作　　　者／李小龍
美 術 編 輯／申朗創意
企畫選書人／賈俊國

總　編　輯／賈俊國
副 總 編 輯／蘇士尹
編　　　輯／高懿萩
行 銷 企 畫／張莉滎・蕭羽猜

發　行　人／何飛鵬
法 律 顧 問／元禾法律事務所王子文律師
出　　　版／布克文化出版事業部
　　　　　　台北市中山區民生東路二段 141 號 8 樓
　　　　　　電話：(02)2500-7008　傳真：(02)2502-7676
　　　　　　Email：sbooker.service@cite.com.tw
發　　　行／英屬蓋曼群島商家庭傳媒股份有限公司城邦分公司
　　　　　　台北市中山區民生東路二段 141 號 2 樓
　　　　　　書虫客服服務專線：(02)2500-7718；2500-7719
　　　　　　24 小時傳真專線：(02)2500-1990；2500-1991
　　　　　　劃撥帳號：19863813；戶名：書虫股份有限公司
　　　　　　讀者服務信箱：service@readingclub.com.tw
香港發行所／城邦（香港）出版集團有限公司
　　　　　　香港灣仔駱克道 193 號東超商業中心 1 樓
　　　　　　電話：+852-2508-6231　　傳真：+852-2578-9337
　　　　　　Email：hkcite@biznetvigator.com
馬新發行所／城邦（馬新）出版集團 Cité (M) Sdn. Bhd.
　　　　　　41, Jalan Radin Anum, Bandar Baru Sri Petaling,
　　　　　　57000 Kuala Lumpur, Malaysia
　　　　　　電話：+603- 9057-8822　　傳真：+603- 9057-6622
　　　　　　Email：cite@cite.com.my
印　　　刷／卡樂彩色製版印刷有限公司
初　　　版／2021 年 01 月
定　　　價／380 元

城邦讀書花園　布克文化
www.cite.com.tw　WWW.SBOOKER.COM.TW